W0248475

Mes 100 recettes

GOURMANDISES AU CHOCOLAT

ARTÉMIS ÉDITIONS

Pour 6 personnes	Prép. : 30 min	Cuis. : 30 min

Gâteau au chocolat

* 250 g de chocolat noir
* 1 petit verre de rhum
* 75 g de sucre
* 1 c. à c. de vanille liquide
* 3 œufs
* 110 g de beurre
* 1/2 c. à c. de levure chimique
* 1 pincée de sel
* 75 g de farine
* 50 g de sucre glace

1. Cassez 150 g de chocolat en morceaux et mettez-les à fondre au bain-marie. Lorsqu'il est fondu, ajoutez-y 80 g de beurre en parcelles.
2. Séparez les jaunes des blancs d'œufs. Dans une terrine, fouettez ensemble les jaunes d'œufs et le sucre jusqu'à ce que le mélange soit mousseux.
3. Saupoudrez-le de farine et mélangez. Ajoutez le chocolat et le beurre fondus, puis le rhum, la vanille et la levure.
4. Ajoutez 1 pincée de sel aux blancs d'œufs et battez-les en neige ferme. Incorporez-la à la pâte en soulevant.
5. Versez la préparation dans un moule beurré et enfournez à 200 °C (th. 6-7) pour 30 min. Démoulez le gâteau et laissez-le refroidir sur une grille.
6. Cassez le reste du chocolat et laissez-le fondre au bain-marie avec 2 c. à s. d'eau. Ajoutez-y 30 g de beurre et mélangez bien.
7. Mélangez le sucre glace et 2 c. à s. d'eau. Le mélange doit rester épais. Versez-y la crème au chocolat et remuez. Nappez le gâteau froid avec ce glaçage en le laissant couler sur les bords.
8. Laissez refroidir le gâteau au chocolat avant de le servir, mais pas au réfrigérateur, car le froid ternit le glaçage.

Variante : *Ajoutez 1/2 c. à c. d'essence de café dans le mélange, au point 3.*

Pour 4 personnes	Prép. : 50 min	Cuis. : 15 min

Gâteau aux épices et au chocolat

* 100 g d'amandes en poudre
* 2 œufs
* 3 blancs d'œufs
* 50 g de sucre
* 40 g de beurre
* 50 g de farine
* 2 c. à s. de miel
* 1 c. à c. de cannelle
* 2 graines de cardamome
* 1 pincée de graines d'anis

Ganache :
* 200 g de chocolat
* 20 cl de crème fraîche liquide
* 1 c. à s. de rhum
* Copeaux de chocolat

1. Fouettez les œufs entiers avec le sucre jusqu'à ce que le mélange blanchisse, puis ajoutez le miel, la poudre d'amandes, la farine, le beurre fondu et les épices.
2. Montez les blancs d'œufs en neige très ferme et incorporez-les délicatement à la préparation précédente.
3. Faites cuire la préparation dans un four chaud à 200 °C (th. 6-7) pendant 15 min.
4. Portez à ébullition la crème fraîche et le rhum, puis versez-la sur le chocolat cassé en petits morceaux, dans un saladier, en remuant pour faire fondre le chocolat.
5. Lorsque le chocolat est fondu, déposez le saladier sur un récipient plus grand rempli d'eau et de glaçons, fouettez énergiquement jusqu'à ce que le mélange mousse et durcisse.
6. Découpez le gâteau en deux pour former deux disques, puis tartinez-en un de ganache au rhum.
7. Déposez le second disque par-dessus, étalez encore un peu de ganache et recouvrez de copeaux de chocolat.

Variante : *Pour une version plus « hot », ajoutez 2 pincées de piment en poudre.*

Pour 4 personnes	Prép. : 15 min	Cuis. : 50 min

Gâteau
au chocolat, café et noix de pécan

* 25 g de cacao en poudre
* 80 g de farine
* 1 c. à c. de levure chimique
* 80 g de beurre en pommade
* 140 g de sucre roux
* 1 œuf
* 30 cl de café
* 55 g de noix de pécan hachées

1. Mélangez l'œuf et le sucre jusqu'à ce que le mélange blanchisse.

2. Mélangez la farine et la levure, ajoutez le cacao, puis ajoutez à la préparation précédente et mélangez bien.

3. Ajoutez le beurre en pommade et mélangez jusqu'à l'obtention d'une pâte lisse et homogène.

4. Versez la pâte dans un moule préalablement beurré et saupoudrez de noix de pécan hachées. Versez délicatement le café par-dessus.

5. Enfournez pour 50 min à 160 °C (th. 5-6). Servez chaud.

Pour 8 personnes	Prép. : 30 min	Cuis. : 45 min

Cake
au chocolat et aux écorces d'oranges confites ▼

* 200 g de farine
* 3 œufs
* 150 g de sucre
* 150 g de beurre
* Un demi-sachet de levure
* 100 g d'écorces d'oranges confites
* 150 g de pépites de chocolat
* 1 pincée de sel

1. Faites fondre le beurre à feu doux.

2. Battez au fouet les œufs entiers avec le sucre et le sel jusqu'à ce que le mélange blanchisse.

3. Ajoutez la farine et la levure, puis le beurre fondu.

4. Mélangez délicatement les écorces d'oranges et les pépites de chocolat à la pâte.

5. Beurrez et farinez le moule à cake et versez-y la préparation.

6. Enfournez à 180 °C (th. 6) pour 45 à 50 min (la lame d'un couteau plantée dans le cake doit en ressortir propre lorsque le cake est cuit).

Pour 1 marbré	Prép. : 20 min	Repos : 1 h

Marbré
aux deux chocolats et fruits secs

* 200 g de chocolat blanc
* 200 g de chocolat noir
* 20 g de framboises séchées
* 20 g d'abricots secs

1. Coupez les fruits séchés en petits dés.
2. Dans une casserole, faites fondre le chocolat blanc au bain-marie et incorporez-y les abricots.
3. À part, faites fondre le chocolat noir au bain-marie et ajoutez-y les framboises.
4. Placez dans un plat creux filmé des cuillères de chocolat blanc et de chocolat noir. Puis mélangez le tout avec une pointe de couteau afin d'obtenir un effet marbré.
5. Laissez refroidir et durcir au réfrigérateur pendant 1 h, puis détaillez le marbré en petits cubes avant de déguster.

Pour 4 personnes	Prép. : 30 min	Cuis. : 7 min

Moelleux
au chocolat

* 200 g de chocolat
* 4 jaunes d'œufs
* 4 blancs d'œufs
* 50 g de farine
* 20 g de beurre

1. Faites fondre le chocolat au bain-marie.
2. Mélangez les jaunes d'œufs avec la farine, ajoutez le chocolat fondu et mélangez bien.
3. Montez les blancs en neige. Ajoutez 1/3 des blancs en neige au chocolat et mélangez bien, puis incorporez délicatement le reste. Versez dans 4 ramequins préalablement beurrés.
4. Faites cuire 7 min dans un four préchauffé à 220 °C (th. 7). Servez aussitôt.

Bon à savoir : *L'intérieur des moelleux doit rester coulant.*

Pour 4 personnes | Prép. : 20 min | Cuis. : 35 min

Moelleux
au chocolat noir et noix de macadmia

* 125 g de farine
* 125 g de beurre
* 250 g de sucre
* 200 g de chocolat noir
* 150 g de noix de macadamia
* 1/2 sachet de levure
* 4 œufs

1. Faites fondre le chocolat au bain-marie. Ajoutez le beurre, la farine, les noix de macadamia et la levure.
2. Fouettez les jaunes d'œufs et le sucre jusqu'à ce que le mélange blanchisse. Ajoutez à la préparation chocolatée.
3. Montez les blancs en neige et incorporez-les à votre préparation.
4. Versez dans un moule préalablement beurré et faites cuire 35 min dans un four chaud à 180 °C (th. 6). Servez tiède.

Pour 6 cocottes | Prép. : 20 min | Cuis. : 10 min | Repos : 1 h

Coulants
au chocolat et noix de coco

* 200 g de chocolat noir
* 100 g de beurre
* 4 œufs
* 160 g de sucre
* 60 g de farine
* 6 c. à c. de noix de coco râpée
* 4 c. à s. de sucre
* 1 noix de beurre

1. Faites fondre une noix de beurre et beurrez-en les cocottes. Saupoudrez-les de sucre.
2. Faites fondre le chocolat au bain-marie et ajoutez le beurre coupé en parcelles.
3. Fouettez les œufs avec le sucre, puis incorporez la farine. Ajoutez le mélange chocolat-beurre et mélangez bien.
4. Garnissez les cocottes à moitié avec la préparation, ajoutez 1 c. à c. de noix de coco râpée, puis finissez de garnir les cocottes avec la pâte.
5. Laissez reposer 1 h au frais, puis faites cuire 8 à 10 min dans un four chaud à 210 °C (th. 7).

Pour 6 personnes	Prép. : 15 min	Cuis. : 35 min

Fondant
à l'ananas et au chocolat

* 100 g de sucre
* 1 sachet de sucre vanillé
* 2 œufs entiers
* 100 g de beurre fondu
* 100 g de chocolat noir
* 100 g de farine
* 340 g d'ananas au sirop égoutté

1. Dans un grand plat creux, mélangez intimement le sucre en poudre, le sucre vanillé, les œufs entiers et le beurre fondu jusqu'à obtention d'une belle pâte.
2. Cassez grossièrement le chocolat en morceaux et faites-le fondre dans une casserole au bain-marie.
3. Ajoutez la farine, en la tamisant, à la pâte précédente, puis incorporez le chocolat. Mélangez une nouvelle fois jusqu'à ce que la préparation soit bien homogène.
4. Coupez l'ananas en petits morceaux, incorporez-le à la pâte et mélangez de manière à bien répartir les morceaux de fruits.
5. Transvasez la préparation ainsi obtenue dans un plat pouvant aller au four et enfournez pour 25 min environ dans un four chaud à 180 °C (th. 6). Sortez la préparation du four dès la fin de la cuisson.

Pour 6 personnes	Prép. : 25 min	Cuis. : 55 min

Fondant
aux noisettes et au chocolat

* 140 g de chocolat noir
* 110 g de beurre
* 170 g de sucre
* 4 œufs entiers
* 150 g de poudre de noisettes
* 1 pincée de sel

1. Cassez grossièrement le chocolat en morceaux et faites-le fondre au bain-marie, avec le beurre et le sucre en poudre.
2. Cassez les œufs en séparant les blancs des jaunes.
3. Hors du feu, incorporez les jaunes d'œufs, un à un, à la préparation chocolatée. Mélangez bien lors de chaque ajout. Incorporez ensuite la poudre de noisettes.
4. Battez les blancs d'œufs en une neige bien ferme, en y ajoutant la pincée de sel. Incorporez délicatement les blancs d'œufs en neige à la préparation au chocolat.
5. Beurrez et farinez sans excès un moule. Transvasez-y la préparation et enfournez pour environ 55 min à 180 °C (th. 6). Surveillez bien la cuisson afin que le cœur reste fondant.
6. À la fin de la cuisson, sortez le fondant du four et démoulez-le.

Pour 4 personnes	Prép. : 15 min	Cuis. : 10 min

Fondants express au chocolat

* 100 g de chocolat noir concassé
* 100 g de sucre roux
* 2 œufs
* 100 g de beurre en morceaux
* 2 c. à s. de farine

1. Séparez les blancs des jaunes. Faites fondre le beurre et le chocolat au bain-marie. Laissez tiédir et ajoutez la farine, le sucre et les jaunes d'œufs.
2. Montez les blancs en neige et incorporez-les délicatement à la préparation.
3. Versez la pâte dans des petits moules individuels préalablement beurrés et faites cuire 10 min à 180 °C (th. 6).
4. Laissez tiédir les petits fondants au chocolat et démoulez-les avant de servir.

Pour 4 personnes	Prép. : 15 min	Cuis. : 10 min

Fondant au chocolat à la crème de marrons ▼

* 200 g de chocolat
* 125 g de beurre
* 6 œufs
* 150 g de crème de marrons

1. Cassez le chocolat en petits morceaux et mettez-le à fondre au bain-marie.
2. Ajoutez la crème de marrons au chocolat.
3. Séparez les blancs d'œufs des jaunes, ajoutez les jaunes au chocolat fondu.
4. Montez les blancs en neige ferme, puis incorporez-les délicatement à la préparation chocolatée.
5. Versez dans un moule beurré et enfournez à 180 °C (th. 6) pour 10 min. Dégustez froid.

Pour 6 personnes	Prép. : 20 min	Cuis. : 25 min

Grenoblois au chocolat

* 50 g de chocolat noir
* 125 g de sucre
* 75 g de beurre
* 150 g de cerneaux de noix
* 5 œufs
* 40 g de chapelure
* 1 pincée de sel
* 1 c. à c. de vanille liquide

1. Cassez le chocolat en morceaux et faites-le fondre dans un récipient au bain-marie. Faites fondre le beurre à part, également au bain-marie. Cassez les œufs et séparez les jaunes des blancs.

2. Dans une terrine, fouettez les jaunes d'œufs et le sucre jusqu'à ce que le mélange blanchisse.

3. Hachez les noix, sauf quelques-unes pour le fond du moule. Ajoutez-les à la pâte, ainsi que la chapelure. Incorporez ensuite le chocolat fondu, la vanille et, enfin, le beurre. Mélangez bien.

4. Beurrez un moule à manqué et tapissez-en le fond avec les noix réservées.

5. Ajoutez 1 pincée de sel aux blancs d'œufs et montez-les en neige ferme. Incorporez-la à la pâte en soulevant.

6. Versez la pâte dans le moule et enfournez à 200 °C (th. 6-7). Laissez cuire pendant 30 à 35 min.

7. Sortez le moule du four et attendez qu'il tiédisse pour le démouler. Servez le grenoblois au chocolat tiède ou froid.

Bon à savoir : *Lorsque vous tapissez le fond du moule avec des cerneaux de noix, placez-les côté bombé vers le moule, de façon qu'une fois le gâteau démoulé ils apparaissent en relief.*

Pour 4 personnes	Prép. : 25 min	Cuis. : 12 min	Réfrig. : 3 h

Dacquoise aux amandes, mousse au chocolat au citron vert

* 1 citron vert
* 1 c. à s. de zeste de citron vert
* 3 œufs
* 30 g de sucre glace
* 50 cl de crème fraîche liquide
* 80 g de sucre en poudre
* 150 g de chocolat noir
* 2 c. à s. d'amandes effilées

1. Séparez les blancs des œufs et montez-les en neige. Incorporez 30 g de sucre en poudre, le sucre glace et le jus de citron.

2. Déposez la pâte sur une plaque de papier sulfurisé beurré. Saupoudrez d'amandes effilées. Enfournez à 90 °C (th. 3) pour 12 min. Éteignez le four, puis laissez-y refroidir la pâte.

3. Râpez le zeste de citron vert. Faites fondre le chocolat. Mélangez les jaunes, 50 g de sucre, le chocolat fondu et le zeste. Laissez refroidir.

4. Fouettez la crème pour obtenir une chantilly. Incorporez délicatement à la préparation au chocolat. Glissez au réfrigérateur pendant 3 h.

5. À l'aide d'un couteau, taillez de longues allumettes dans la pâte dacquoise. Garnissez-les 2 par 2 de mousse au chocolat. Dégustez frais. Accompagnez ce dessert de framboises et de fraises.

Bon à savoir : *Ce dessert apporte son lot de magnésium, de phosphore, de vitamines grâce au chocolat et au citron, mais aussi de fibres, de protéines et de vitamine E grâce aux amandes.*

Pour 6-8 personnes	Prép. : 25 min	Cuis. : 30 min

Extrême fondant

* 200 g de chocolat noir
* 200 g de beurre au sel de Guérande
* 8 cl de café froid
* 4 œufs
* 200 g de sucre

1. Cassez le chocolat en morceaux dans une casserole, puis ajoutez le beurre et le café. Faites fondre à feu doux tout en mélangeant doucement.
2. La préparation une fois fondue, incorporez hors du feu les œufs un à un et mélangez. Ajoutez le sucre et mélangez l'ensemble.
3. De préférence, choisissez un moule en silicone carré (pour une cuisson parfaite), et versez-y la préparation.
4. Enfournez au bain-marie à 180 °C (th. 6) pour 30 min.

Variante : *Vous pouvez servir ce fondant avec une glace au café, pour mettre encore plus en valeur cette saveur.*

Pour 4 personnes	Prép. : 20 min	Repos : 2 h

Craquelin au chocolat et aux marrons

* 150 g de chocolat noir fondu
* 80 g de crème de marrons
* 20 cl de crème fraîche liquide

1. Versez le chocolat sur une feuille de papier sulfurisé, recouvrez-le d'une autre feuille de papier sulfurisé et, à l'aide d'un rouleau à pâtisserie, étalez le chocolat à 1 mm d'épaisseur. Laissez prendre au réfrigérateur pendant 2 h.
2. Montez la crème en chantilly et ajoutez-y délicatement la crème de marrons.
3. À l'aide d'un verre, coupez 12 disques de chocolat. Montez vos craquelins en superposant crème de marrons et disques de chocolat. Servez frais.

Pour 4 personnes	Prép. : 15 min	Refroid. : 7 h

Terrine
de chocolat

* 400 g de chocolat noir
* 20 fraises Tagada
* 100 g de beurre
* 1 barre de nougat de 20 cm

1. Faites fondre le chocolat et le beurre au bain-marie. Mélangez bien et versez-en 1 cm dans une terrine. Laissez prendre au réfrigérateur.
2. Placez la barre de nougat (coupez-la si nécessaire) sur la couche de chocolat. Versez par-dessus une autre couche de chocolat de 1 cm d'épaisseur.
3. Disposez en ligne deux rangées de fraises Tagada et versez le restant de chocolat par-dessus.
4. Laissez prendre 7 h au réfrigérateur.

Pour 4 personnes	Prép. : 15 min	Cuis. : 10 min	Réfrig. : 4 h

Terrine
de chocolat aux marshmallow ▼

* 2 tablettes de chocolat noir
* 15 cl de crème fraîche liquide
* Un demi-paquet de Cruesli
* 50 g de beurre
* 8 marshmallow

1. Coupez le chocolat en petits morceaux.
2. Dans une casserole, faites chauffer la crème et portez-la à ébullition. Ajoutez le chocolat, le beurre et remuez jusqu'à obtention d'une pâte lisse. Laissez tiédir et ajoutez le Cruesli.
3. Versez la moitié de la préparation au chocolat dans une terrine, placez en lignes les marshmallow au milieu, dans le sens de la longueur, et recouvrez de l'autre moitié.
4. Laissez prendre au réfrigérateur pendant 4 h avant de servir.

Pour 4 personnes | Prép. : 30 min | Cuis. : 10 min | Repos : 12 h

Pavé
au chocolat

* 200 g de châtaignes pelées
* 180 g de chocolat amer
* 80 g de beurre
* 1/2 c. à c. de vanille liquide
* 1 c. à s. de cognac
* 25 cl de crème fraîche liquide
* 50 g de sucre glace
* 80 g de sucre en poudre

1. Faites cuire les châtaignes dans un grand volume d'eau bouillante, puis réduisez-les en une purée fine en les passant au moulin à légumes.
2. Faites fondre le chocolat au bain-marie.
3. Travaillez le beurre en pommade à la spatule. Mélangez le sucre au beurre et fouettez le mélange jusqu'à ce qu'il devienne mousseux.
4. Incorporez le chocolat tiède à cette préparation, puis ajoutez la purée de châtaignes, la vanille et le cognac.
5. Versez dans un moule à cake que vous couvrez d'un film alimentaire, et laissez reposer au réfrigérateur pendant 12 h.
6. Pour démouler le pavé, laissez tremper quelques instant le fond du moule dans un récipient rempli d'eau tiède, passez ensuite un couteau tiédi entre le gâteau et le moule, puis retournez le moule sur une planche à découper : le pavé doit descendre tout seul.
7. Montez une chantilly avec la crème, et incorporez le sucre glace à la fin.
8. Découpez le pavé en fines tranches à l'aide d'un couteau trempé dans de l'eau chaude, dressez sur les assiettes et décorez avec la chantilly.

Variante : *N'hésitez pas à accompagner ce pavé au chocolat d'une crème anglaise.*

Pour 4 personnes | Prép. : 20 min | Repos : 4 h

Parfait
au chocolat et pépites de meringue

* 150 g de chocolat
* 150 g de beurre
* 60 g de sucre
* 2 œufs
* 100 g de meringue
* 1 c. à s. de cacao

1. Cassez le chocolat en petits morceaux et mettez-le à fondre au bain-marie. Ajoutez le beurre au chocolat et lissez.
2. Séparez les blancs d'œufs des jaunes. Ajoutez les jaunes d'œufs, le sucre et le cacao au chocolat fondu, fouettez.
3. Cassez la meringue en petits morceaux.
4. Montez les blancs en neige très ferme et incorporez-les délicatement au chocolat, ainsi que les morceaux de meringue.
5. Versez la préparation dans un moule et laissez au réfrigérateur pendant 4 h.

Pour 6 personnes	Prép. : 30 min	Cuis. : 40 min

Tarte
au chocolat meringué

* ✱ 1 rouleau de pâte sablée
* ✱ 2 œufs
* ✱ 3 blancs d'œufs
* ✱ 50 g de sucre cassonade
* ✱ 70 g de sucre glace
* ✱ 200 g de chocolat noir fondu
* ✱ 20 cl de crème fraîche épaisse

1. Étalez la pâte dans un moule à tarte et piquez-la partout à l'aide d'une fourchette. Recouvrez-la d'un papier cuisson et de légumes secs, puis enfournez à 200 °C (th. 6-7) pour 10 min.

2. Retirez les légumes secs ainsi que le papier cuisson et poursuivez la cuisson 3 min. Laissez refroidir la pâte.

3. Mélangez les œufs entiers et le sucre jusqu'à ce que la préparation blanchisse. Ajoutez alors la crème fraîche et le chocolat fondu, puis mélangez à nouveau pour obtenir une pâte lisse et homogène.

4. Versez la préparation sur votre fond de tarte et faites cuire 20 min dans un four chaud à 180 °C (th.6).

5. Montez les blancs en neige et ajoutez le sucre glace.

6. À l'aide d'une poche et d'une douille cannelée, recouvrez votre tarte de meringue, puis faites cuire à nouveau 5 min à 180 °C (th. 6). Servez tiède.

Pour 6 personnes	Prép. : 20 min	Cuis. : 35 min

Tarte
poire-chocolat

* ✱ 1 rouleau de pâte sablée
* ✱ 3 poires Williams
* ✱ 100 g de sucre
* ✱ 3 gouttes d'extrait de vanille
* ✱ 20 cl de lait
* ✱ 100 g de chocolat noir concassé
* ✱ 2 œufs

1. Déroulez la pâte et piquez-la à l'aide d'une fourchette. Beurrez un moule à tarte et tapissez-le de la pâte.

2. Recouvrez d'un papier sulfurisé, mettez un poids par-dessus (haricots secs par exemple), puis enfournez à 210 °C (th. 7) et laissez cuire pendant 10 min. Retirez le poids, le papier sulfurisé et poursuivez la cuisson 3 min.

3. Mélangez les œufs, l'extrait de vanille et le sucre jusqu'à ce que la préparation blanchisse. Faites chauffer le lait, puis faites-y fondre le chocolat et versez sur le mélange œufs-sucre.

4. Épluchez, coupez en deux et épépinez les poires. Répartissez-les sur votre fond de tarte. Versez l'appareil à tarte par-dessus et faites cuire 20 min dans un four à 180 °C (th. 6). Servez tiède.

Pour 4 personnes	Prép. : 40 min	Repos : 3 h

Charlotte
au chocolat

* De 15 à 20 biscuits à la cuiller
* 50 cl de lait
* 5 jaunes d'œufs
* 120 g + 2 c. à s. de sucre
* 5 feuilles de gélatine
* 200 g de chocolat
* 25 cl de crème fraîche liquide
* 5 cl de rhum

1. Fouettez les jaunes d'œufs avec le sucre jusqu'à ce que le mélange blanchisse.
2. Portez le lait à ébullition, puis versez-le sur les jaunes tout en fouettant. Remettez ce mélange sur le feu et remuez avec une spatule jusqu'à ce qu'il épaississe (attention, cette crème ne doit pas bouillir).
3. Versez cette crème sur le chocolat cassé en petits morceaux et remuez.
4. Mettez à tremper les feuilles de gélatine dans l'eau froide, égouttez-les, puis faites-les dissoudre dans la crème au chocolat et réservez au frais.
5. Mélangez le rhum avec le sucre en poudre, imbibez les biscuits à la cuiller de ce mélange et tapissez-en les bords d'un moule à charlotte.
6. Montez la crème très froide en chantilly. Lorsque la crème au chocolat commence à prendre, mélangez-la délicatement avec la chantilly.
7. Versez dans le moule et laissez au réfrigérateur pendant au moins 3 h. Trempez le moule quelques instants dans de l'eau chaude avant de démouler.

Pour 6 personnes	Prép. : 20 min	Cuis. : 12 min

Roulé
au chocolat et noix de coco

* 50 g de poudre de noix de coco
* 100 g de farine
* 1 c. à c. de levure chimique
* 70 g de sucre
* 3 œufs

Garniture :
* 200 g de chocolat noir
* 50 g de beurre
* 3 c. à s. de sirop de canne

1. Faites blanchir les œufs et le sucre au batteur pendant 5 min. Ajoutez la farine, la levure, la poudre de noix de coco et mélangez délicatement.
2. Versez la pâte sur une plaque allant au four, préalablement recouverte d'une feuille de papier sulfurisé, et faites cuire 8 min dans un four chaud à 180 °C (th. 6).
3. Posez le gâteau sur un torchon humide et enlevez le papier sulfurisé.
4. Coupez le beurre et le chocolat en dés et faites-les fondre au bain-marie. Ajoutez le sirop de sucre de canne et mélangez.
5. Étalez la garniture sur votre gâteau et roulez-le dans le sens de la longueur. Recouvrez d'un film alimentaire et laissez refroidir.
6. Servez ce roulé au chocolat et à la noix de coco froid.

Pour 4 personnes	Prép. : 20 min	Cuis. : 1 h 30

Pudding
aux deux chocolats

* 25 g de pépites de chocolat noir
* 50 g de pépites de chocolat blanc
* 100 g de beurre en pommade
* 120 g de farine
* 1 c. à c. de levure chimique
* 100 g de sucre roux
* 3 œufs
* 2 c. à s. de cacao

Sauce :

* 15 cl de crème fraîche liquide
* 75 g de sucre roux
* 25 g de beurre demi-sel

1. Mélangez la farine, le beurre, la levure chimique, le cacao, le sucre et les œufs. Ajoutez les pépites de chocolat noir et blanc.

2. Versez la pâte dans un moule à pudding préalablement beurré. Placez une couche de papier sulfurisé par-dessus, puis deux couches de papier aluminium.

3. Faites cuire 1 h 30 dans un bain-marie. Rajoutez de l'eau de temps en temps.

4. Entre-temps, confectionnez la sauce en faisant cuire la crème avec 75 g de sucre roux et 25 g de beurre demi-sel pendant 4 min.

5. Servez ce pudding au chocolat chaud avec la sauce.

Pour 4 personnes	Prép. : 20 min	Cuis. : 1 h	Réfrig. : 12 h

Cheesecake
au chocolat praliné ►

* 200 g de fromage blanc
* 400 g de fromage Kiri
* 200 g de Petit-Beurre
* 100 g de beurre fondu
* 180 g de sucre blanc
* 50 g de sucre roux
* 170 g de chocolat praliné
* 4 œufs

1. Mixez les biscuits avec la moitié du beurre fondu et le sucre roux, mélangez soigneusement. Répartissez la pâte biscuitée dans le fond

2. d'un moule à manqué en tassant bien.

3. Faites fondre le chocolat dans le reste de beurre en mélangeant bien. Fouettez les œufs avec le sucre.

4. Ajoutez le fromage blanc, le fromage Kiri et le chocolat. Mélangez jusqu'à l'obtention d'une pâte bien lisse.

5. Répartissez cette pâte sur le fond biscuité. Enfournez à 160 °C (th. 5-6) et faites cuire pendant 1 h.

6. Laissez le cheesecake refroidir à température ambiante. Lorsqu'il est complètement froid, mettez au réfrigérateur pendant une douzaine d'heures.

Pour 4 personnes	Prép. : 20 min	Cuis. : 15 min

Brownie au chocolat blanc

* 125 g de farine
* 90 g de sucre
* 100 g de pépites de chocolat blanc
* Un demi-sachet de levure chimique
* 150 g de chocolat blanc fondu
* 2 œufs
* 1 pincée de sel
* 80 g de beurre fondu

1. Mélangez la levure et le sel à la farine. À part, mélangez les œufs et le sucre jusqu'à ce que le mélange blanchisse.
2. Ajoutez le beurre, le chocolat blanc fondu, puis le mélange farine-levure. Mélangez bien pour obtenir une pâte lisse et homogène.
3. Ajoutez les pépites de chocolat blanc et mélangez à nouveau.
4. Versez la pâte dans un moule préalablement beurré et faites cuire dans un four chaud à 180 °C (th. 6) pendant 15 min.
5. Laissez refroidir puis coupez le brownie en rectangles et servez.

Pour 4 personnes	Prép. : 20 min	Cuis. : 15 min

Brownie au chocolat noir ▲

* 125 g de farine
* 90 g de sucre
* 100 g de pépites de chocolat noir
* 1/2 sachet de levure chimique
* 150 g de chocolat noir fondu
* 2 œufs
* 1 pincée de sel
* 80 g de beurre fondu

1. Mélangez la levure et le sel à la farine. À part, mélangez les œufs et le sucre jusqu'à ce que le mélange blanchisse.
2. Ajoutez le beurre, le chocolat fondu, puis le mélange farine-levure. Mélangez bien pour obtenir une pâte lisse et homogène.
3. Ajoutez les pépites de chocolat et mélangez à nouveau.
4. Versez la pâte dans un moule préalablement beurré et faites cuire dans un four chaud à 180 °C (th. 6) pendant 15 min.
5. Laissez refroidir puis coupez le brownie en rectangles et servez.

Pour 4 personnes	Prép. : 30 min	Cuis. : 25 min

Crumble
au chocolat ▼

* 150 g de chocolat
* 20 cl de crème fraîche liquide
* 5 cl de lait
* 3 œufs
* 100 g de sucre
* 50 g de noisettes hachées
* 50 g de beurre
* 75 g de farine

1. Faites griller les noisettes sous le gril d'un four, puis mélangez-les à la farine, à 50 g de sucre et au beurre sans trop travailler la pâte, car il faut qu'elle garde un aspect granuleux.

2. Portez à ébullition la crème et le lait, puis ajoutez le chocolat cassé en petits morceaux. Mélangez pour bien amalgamer tous les ingrédients.

3. Battez 2 jaunes et un œuf entier avec le sucre restant, puis ajoutez-les à la crème chocolatée et remuez pour obtenir une pâte homogène.

4. Versez la préparation dans des ramequins individuels ou dans un grand plat, puis recouvrez de la pâte à crumble.

5. Enfournez à 150 °C (th. 5) pour 25 min. Dégustez tiède ou froid.

Pour 4 personnes	Prép. : 20 min	Cuis. : 15 min

Crumble
aux bananes et chocolat blanc

* 3 bananes
* 100 g de chocolat blanc en tablette
* 30 g de poudre de noisettes
* 50 g de farine
* 50 g de sucre
* 50 g de beurre en pommade

1. Épluchez les bananes et coupez-les en rondelles. Coupez les carreaux de chocolat blanc en petits morceaux.

2. Déposez les rondelles de bananes au fond d'un plat creux. Ajoutez les morceaux de chocolat par-dessus.

3. Dans un saladier, mélangez le beurre en pommade, la farine, la poudre de noisettes ainsi que le sucre et travaillez du bout des doigts jusqu'à ce que la pâte devienne sableuse ou bien émiettée.

4. Versez la pâte à crumble sur le chocolat et enfournez à 190 °C (th. 6-7) pendant 15-20 min environ. Servez tiède.

Variante : *Vous pouvez aussi utiliser du chocolat blanc parfumé (noix de coco...).*

Pour 4 personnes	Prép. : 30 min	Refroid. : 2 h

Tiramisu
au chocolat

* 3 tasses de café très fort
* 3 œufs
* 150 g de sucre
* 1 pincée de sel
* 200 g de mascarpone
* 1 c. à s. de marsala
* 10 à 12 biscuits à la cuiller
* 2 c. à s. de cacao non sucré

1. Préparez le café et laissez-le refroidir. Séparez les blancs des jaunes d'œufs.
2. Battez les jaunes avec le sucre jusqu'à ce que le mélange blanchisse. Ajoutez-y délicatement le mascarpone et le marsala.
3. Ajoutez 1 pincée de sel aux blancs d'œufs et battez-les en neige ferme. Incorporez-les au mélange.
4. Trempez rapidement les biscuits à la cuiller dans le café froid et déposez-les au fond du plat.
5. Versez dessus la préparation crémeuse, couvrez le plat avec du film alimentaire et mettez-le au réfrigérateur pendant 2 h. Saupoudrez-le de cacao avant de servir.

Pour 6 personnes	Prép. : 30 min	Réfrig. : 6 h

Tiramisu
au chocolat blanc et Petit-Lu

* 150 g de chocolat blanc
* 12 Petit-Lu
* 4 œufs
* 250 g de mascarpone
* 180 g de sucre en poudre
* 3 cl de marsala
* 20 g de sucre glace
* 10 cl de café

1. Faites fondre le chocolat blanc au bain-marie.
2. Séparez les blancs des jaunes d'œufs. Battez les jaunes avec le sucre en poudre jusqu'à ce que le mélange blanchisse. Ajoutez le marsala, le mascarpone et mélangez.
3. Montez les blancs d'œufs en neige. Ajoutez le sucre glace, refouettez les blancs et incorporez-les délicatement à l'appareil.
4. Faites tiédir le café. Trempez rapidement les Petit-Lu dans le café. Pressez-les légèrement.
5. Dans des verrines, superposez par couches les biscuits imbibés, le chocolat blanc fondu et la crème au marsala. Placez au réfrigérateur pendant 6 h au minimum avant de servir.

Pour 4 personnes | Prép. : 35 min | Cuis. : 15 min | Repos : 1 h

Millefeuilles
au chocolat

* 3 rouleaux de pâte feuilletée
* 4 œufs
* 1 litre de lait
* 150 g de sucre
* 4 c. à s. de cacao en poudre
* 90 g de fécule de maïs
* 1 gousse de vanille

1. Déroulez les rouleaux de pâte, découpez-les en trois rectangles et piquez-les à l'aide d'une fourchette.
2. Sur une plaque de four recouverte d'une feuille de papier sulfurisé, déposez les rectangles de pâte. Recouvrez-les d'un papier sulfurisé, mettez un poids par-dessus (haricots secs par exemple), puis enfournez à 210 °C (th. 7) et laissez cuire pendant 10 min. Retirez le poids ainsi que le papier sulfurisé et poursuivez la cuisson 3 min.
3. Faites bouillir le lait avec la gousse de vanille fendue en deux dans le sens de la longueur.
4. Mélangez les œufs et le sucre jusqu'à ce que la préparation blanchisse. Ajoutez la fécule de maïs ainsi que le cacao et mélangez à nouveau, jusqu'à l'obtention d'une pâte lisse et homogène.
5. Ôtez la gousse de vanille du lait, puis versez-le sur l'appareil et mélangez délicatement. Faites cuire la préparation à feu doux en remuant constamment pendant 1 à 2 min. Laissez refroidir.
6. Montez le millefeuilles en superposant pâte feuilletée et crème pâtissière. Saupoudrez de sucre glace et laissez reposer 1 h au réfrigérateur avant de servir.

Variante : *Pour un peu d'exotisme, vous pouvez parfumer votre crème pâtissière avec 1/2 c. à c. de cannelle en poudre, ou 1/2 c. à c. de quatre-épices.*

Pour 4 personnes | Prép. : 20 min | Repos : 1 h

Mini-millefeuilles
doubles au chocolat

* 16 palets au chocolat noir
* 150 g de chocolat au lait
* 50 g de beurre
* 2 œufs
* 5 cl de crème fraîche liquide
* 2 c. à s. de sucre glace

1. Faites fondre au bain-marie le chocolat au lait avec le beurre et la crème.
2. Séparez les blancs des jaunes d'œufs. Incorporez les jaunes au mélange chocolaté. Montez les blancs en neige très ferme.
3. Incorporez délicatement les blancs à la préparation et laissez reposer au réfrigérateur pendant environ 1 h.
4. Déposez 4 palets sur un plan de travail, puis à l'aide d'une poche à douille garnissez-les de mousse au chocolat.
5. Recouvrez avec un deuxième palet, garnissez de mousse au chocolat, puis terminez par un palet. Avant de servir saupoudrez de sucre glace.

Pour 6 personnes	Prép. : 30 min	Cuis. : 2 min

Crêpes
au chocolat

Pâte à crêpe :
* 250 g de farine
* 1 pincée de sel fin
* 70 cl de lait (ou moitié eau, moitié lait)
* 6 œufs
* 2 c. à s. de beurre fondu (ou d'huile)
* 2 c. à s. de sucre

Sauce au chocolat :
* 200 g de chocolat
* 50 g de beurre
* 1 c. à c. de vanille liquide
* 10 cl de crème fraîche liquide

1. Faites la pâte à crêpes : déposez la farine et le sel dans un saladier. Mélangez-les et faites un puits au centre.

2. Cassez les 3 œufs entiers dans le puits et ajoutez-y la moitié du lait. Commencez à mélanger avec une spatule en bois, en partant du centre et en faisant peu à peu tomber la farine dans le liquide. Ajoutez ensuite le beurre fondu (ou l'huile), puis le sucre.

3. Terminez d'incorporer la farine en versant le reste du lait en un mince filet tout en mélangeant. La pâte obtenue doit être fluide, mais non liquide. Couvrez la pâte et laissez-la reposer pendant 1 à 2 h.

4. Dans une poêle beurrée, versez une demi-louche de pâte en inclinant la poêle. Faites cuire de 1 à 2 min le premier côté. Retournez-la et faites-la cuire 30 secondes, etc.

5. Déposez les crêpes sur une assiette, saupoudrez-les de sucre l'une après l'autre. Gardez-les au chaud.

6. Réalisez la sauce au chocolat : cassez le chocolat, mettez-le dans une casserole avec le beurre et la vanille. Faites chauffer au bain-marie. Incorporez la crème afin d'obtenir une sauce au chocolat lisse.

7. Tartinez les crêpes de la sauce au chocolat, puis roulez-les en forme de cigare, ou mettez la sauce au chocolat en saucière.

Pour 4 personnes	Prép. : 10 min	Cuis. : 4 min

Crôque
banane-chocolat

* 8 tranches de brioche
* 2 bananes
* 1 bombe de chantilly
* 200 g de chocolat noir
* 10 cl de crème fraîche liquide
* 20 g de beurre

1. Faites fondre le chocolat au bain-marie. Ajoutez la crème liquide et le beurre au chocolat fondu et mélangez bien.

2. Épluchez les bananes et coupez-les en rondelles.

3. Répartissez la moitié des rondelles de banane sur 4 tranches de brioche.

4. Nappez ces 4 tranches de sauce chocolat, puis recouvrez des 4 tranches de brioche restantes.

5. Recouvrez des rondelles de banane restantes, puis nappez à nouveau de sauce chocolat. Surmontez le tout de chantilly et dégustez.

Pour 4 personnes | Prép. : 50 min | Cuis. : 15 min

Gâteau
de crêpes au chocolat ▼

* 25 cl de lait
* 125 g de farine
* 25 g de beurre
* 2 œufs

Pour la ganache :
* 200 g de chocolat
* 20 cl de crème fraîche liquide
* 2 c. à s. de cacao

1. Dans un saladier, disposez en fontaine la farine et le sucre, cassez les œufs au centre et mélangez au fouet en ajoutant le lait petit à petit.

2. Faites fondre le beurre et ajoutez-le à la pâte à crêpes. Faites cuire les crêpes dans une poêle.

3. Portez à ébullition la crème et versez-la sur le chocolat cassé en petits morceaux, dans un saladier.

4. Lorsque le chocolat est fondu, déposez le saladier sur un récipient plus grand rempli d'eau et de glaçons, et fouettez énergiquement jusqu'à ce que le mélange mousse et durcisse.

5. Déposez une crêpe sur une assiette, puis tartinez-la de ganache. Recouvrez avec une autre crêpe et ainsi de suite. Terminez par une crêpe que vous saupoudrerez de cacao.

Pour 4 personnes | Prép. : 30 min | Cuis. : 5 min | Repos : 1 h 30

Gaufres
au chocolat

* 200 g de farine
* Un demi-sachet de levure chimique
* 5 g de sel
* 15 g de sucre
* 60 g de beurre fondu
* 40 cl de lait
* 2 œufs
* 3 c. à s. de sucre glace

Pour la sauce au chocolat :
* 100 g de chocolat noir
* 15 cl de crème fraîche liquide
* 20 g de beurre

1. Mélangez la farine, la levure, le sel, le sucre, le beurre, le lait et les 2 œufs battus en omelette pour obtenir une pâte lisse et homogène. Laissez reposer 1 h 30 au frais.

2. Faites bouillir la crème, puis versez-la sur le chocolat coupé en dés et le beurre. Mélangez jusqu'à ce que le chocolat et le beurre soient complètement fondus. Réservez au chaud.

3. Allumez votre gaufrier et passez du papier absorbant trempé dans de l'huile sur les deux panneaux.

4. Versez un peu de pâte à gaufres dans votre gaufrier et faites cuire. Saupoudrez de sucre glace et nappez de sauce au chocolat.

Pour 4 personnes	Prép. : 15 min	Cuis. : 45 min

Pain perdu
au chocolat

* 6 à 8 grosses tranches de pain rassis
* 100 g de chocolat noir
* 70 de beurre pommade
* 50 g de sucre
* 3 œufs
* 50 cl de lait
* 20 cl de crème fraîche liquide
* c. à c. de cannelle

1. Beurrez les tranches de pain. Coupez le chocolat en morceaux.
2. Faites chauffer le lait et la crème, puis ajoutez les morceaux de chocolat, mélangez.
3. Ajoutez le sucre, les œufs, la cannelle et mélangez bien.
4. Placez les tranches de pain dans un plat allant au four. Versez la préparation sur les tranches de pain beurrées.
5. Faites cuire 45 min dans un four à 180 °C (th. 6). Servez ce pain perdu au chocolat tiède.

Pour 4 personnes	Prép. : 40 min	Cuis. : 20 min	Repos : 3 h

îles flottantes
au chocolat ▼

* 80 cl de lait
* 5 œufs
* 400 g de sucre
* 4 c. à s. de cacao

1. Séparez les blancs d'œufs des jaunes. Fouettez les jaunes d'œufs avec 200 g de sucre jusqu'à ce que le mélange blanchisse.
2. Portez 50 cl de lait et le cacao à ébullition, puis versez-le sur les jaunes tout en fouettant.
3. Remettez ce mélange sur le feu et remuez avec une spatule jusqu'à ce qu'il épaississe (attention, cette crème ne doit pas bouillir). Laissez refroidir au réfrigérateur pendant au moins 3 h.
4. Portez à ébullition 30 cl de lait avec 100 g de sucre, puis baissez le feu pour que le mélange frémisse.
5. Montez les blancs en neige très ferme et ajoutez 100 g de sucre.
6. Formez de grosses boules de blancs montés en neige à l'aide de 2 c. à s. ou d'une louche et faites-les cuire dans le lait frémissant 3 min de chaque côté.
7. Servez la crème au chocolat froide avec les îles posées dessus.

Pour 4 personnes	Prép. : 20 min	Cuis. : 10 min

Omelette soufflée
au chocolat et à la cannelle ▲

* 6 œufs
* 100 g de sucre
* 50 g de chocolat
* 1/2 c. à c. de cannelle

1. Faites fondre le chocolat au bain-marie.
2. Séparez les blancs des jaunes, et battez ces derniers avec 80 g de sucre et la cannelle jusqu'à ce que le mélange blanchisse.
3. Montez les blancs en neige ferme et ajoutez les 20 g de sucre restant à la fin.
4. Versez le chocolat tiède sur le mélange jaunes d'œufs-sucre, puis incorporez les blancs en neige en soulevant doucement la préparation.
5. Versez la pâte dans un moule beurré et faites cuire 10 min dans un four chaud à 200 °C (th. 6-7). Servez dès la sortie du four.

Pour 4 personnes	Prép. : 25 min	Cuis. : 35 min

Soufflé
au chocolat

* 5 œufs
* 10 cl de lait
* 30 g de beurre
* 20 g de farine
* 50 g de sucre
* 100 g de chocolat noir en morceaux
* 1 pincée de sel

1. Faites chauffer le lait avec le chocolat jusqu'à ce que celui-ci fonde. Délayez la farine dans un peu de lait froid et versez sur le lait chaud, laissez cuire jusqu'à ce que le mélange épaississe, tout en remuant avec une spatule.
2. Séparez les blancs des jaunes d'œufs et mettez 3 jaunes dans un saladier avec le sucre en poudre, fouettez jusqu'à ce que le mélange blanchisse. Hors du feu, versez la préparation sur les jaunes d'œufs, fouettez et incorporez le beurre.
3. Montez les blancs en neige très ferme avec une pincée de sel. Incorporez délicatement les blancs à la préparation.
4. Beurrez un moule à soufflé, versez-y la préparation. Faites cuire dans un four chaud à 180 °C (th. 6) pendant 35 min. Servez très rapidement dans le moule à la sortie du four.

Pour 4 personnes	Prép. : 15 min	Cuis. : 30 min	Repos : 1 à 2 h

Riz au lait
au chocolat

* 100 g de riz rond
* 90 g de chocolat au lait
* 80 cl de lait
* 1 gousse de vanille
* 15 cl de crème fraîche liquide
* 1 pincée de sel

1. Faites fondre le chocolat au bain-marie.
2. Dans une casserole, versez le lait avec le riz, ajoutez la gousse de vanille fendue dans le sens de la longueur, et laissez cuire tout doucement pendant 30 min jusqu'à ce qu'il ne reste plus de lait et que le riz soit cuit et moelleux.
3. Retirez la gousse de vanille, puis mélangez le chocolat et la vanille au riz et laissez refroidir.
4. Montez la crème en chantilly et incorporez-la au riz.
5. Dressez le riz dans des coupelles et laissez 1 à 2 h au frais avant de servir.

Pour 4 personnes	Prép. : 25 min	Cuis. : 8 min

Madeleines
au chocolat ▲

* 150 g de farine
* 150 g de sucre
* 125 g de beurre
* 5 g de levure chimique
* 2 œufs
* 1 c. à c. de vanille liquide
* 1 pincée de sel
* 120 g de chocolat pâtissier

1. Dans un saladier, travaillez au fouet les œufs, le sucre et le sel, pour obtenir un mélange mousseux. Faites fondre 100 g de beurre.
2. Ajoutez au mélange mousseux la farine en deux ou trois fois, puis le beurre fondu. Terminez par la levure et la vanille liquide.
3. Faites fondre le chocolat au bain-marie. Incorporez le chocolat fondu à l'appareil à madeleines.
4. Beurrez une plaque à madeleines, farinez et enlevez l'excédent. Versez la pâte aux deux tiers des alvéoles. Enfournez à 200 °C (th. 6-7) et laissez cuire de 8 à 10 min. Démoulez les madeleines dès la sortie du four. Laissez-les refroidir sur une grille.

Pour 25 pièces | Prép. : 20 min | Cuis. : 8 min | Repos : 1 h

Mini-madeleines
à la noix de coco et cœur chocolat

* 3 c. à s. de noix de coco râpée
* 25 petits morceaux de chocolat noir
* 2 œufs
* 85 g de sucre
* 100 g de farine
* 50 g de beurre fondu froid
* 5 g de levure chimique

1. Fouettez les œufs avec le sucre afin de les faire blanchir.
2. Mélangez la farine avec la levure et la noix de coco, puis incorporez-la aux œufs petit à petit, en mélangeant énergiquement.
3. Ajoutez le beurre fondu froid et mélangez bien. Recouvrez la pâte d'un film alimentaire et laissez-la au frais pendant 1 h.
4. Beurrez le moule à madeleines et garnissez à moitié de pâte les alvéoles. Ajoutez sur chaque madeleine un petit morceau de chocolat noir et recouvrez de pâte.
5. Enfournez 4 min à 220 °C (th. 7), puis éteignez votre four et laissez la porte ouverte 2 min. Rallumez votre four à 160 °C (th. 5) et poursuivez la cuisson 2 min.
6. Démoulez les madeleines à chaud et laissez refroidir sur une grille.

Pour 25 pièces | Prép. : 25 min | Cuis. : 8 min | Repos : 1 h

Mini-madeleines
aux oranges confites et pépites de chocolat

* 30 g d'oranges confites
* 2 c. à s. de pépites de chocolat
* 2 œufs
* 85 g de sucre
* 110 g de farine
* 50 g de beurre fondu froid
* 5 g de levure chimique

1. Coupez les oranges confites en petits dés.
2. Fouettez les œufs avec le sucre afin de les faire blanchir. Mélangez la farine avec la levure, puis incorporez-la aux œufs petit à petit, en mélangeant énergiquement.
3. Ajoutez le beurre fondu froid et mélangez bien. Incorporez les pépites de chocolat ainsi que les oranges confites. Recouvrez la pâte d'un film alimentaire et laissez-la au frais pendant 1 h.
4. Beurrez le moule à madeleines et garnissez aux trois quarts de pâte les alvéoles. Enfournez 4 min à 220 °C (th. 7), puis éteignez votre four et laissez la porte ouverte 2 min. Rallumez votre four à 160 °C (th. 5) et poursuivez la cuisson 2 min environ.
5. Démoulez les madeleines à chaud et laissez refroidir sur une grille.

Pour 10 à 12 muffins | Prép. : 10 min | Cuis. : 15 min

Muffins
au chocolat

- ∗ 25 g de cacao en poudre
- ∗ 200 g de farine
- ∗ 2 c. à c. de levure chimique
- ∗ 100 g de sucre roux
- ∗ 2 œufs
- ∗ 80 g de beurre fondu
- ∗ 25 cl de lait
- ∗ 1 c. à c. de cannelle

1. Cassez les œufs dans un saladier et mélangez avec le sucre jusqu'à ce que le mélange blanchisse.
2. Ajoutez le lait, le beurre, la farine, le cacao, la levure et la cannelle. Mélangez jusqu'à l'obtention d'une pâte lisse et homogène.
3. Versez la pâte dans des petits moules individuels beurrés, remplissez-les aux trois quarts et faites cuire dans un four chaud à 210 °C (th. 7) pendant 15 min.
4. Laissez tiédir les muffins, démoulez-les et servez-les avec une crème glacée par exemple.

Pour 4 personnes | Prép. : 30 min | Repos : 2 h

Biscuits
au chocolat et au caramel mou

- ∗ 200 g de biscuits Petit-Lu
- ∗ 100 g de beurre fondu
- ∗ 100 g de sucre
- ∗ 200 g de chocolat noir fondu
- ∗ 10 cl de crème fraîche liquide
- ∗ 50 g de beurre

1. Réduisez les biscuits en poudre. Faites fondre le beurre. Mélangez ces deux ingrédients.
2. Tapissez le fond d'une barquette de glace de ce mélange en tassant avec le dos d'une cuillère.
3. Confectionnez un caramel avec le sucre et un peu d'eau, puis ajoutez la crème et 100 g de chocolat fondu.
4. Versez votre mélange caramel-chocolat sur les biscuits, puis versez les 100 g restants de chocolat noir fondu par-dessus.
5. Laissez prendre au réfrigérateur pendant 2 h, puis coupez le biscuit en petits carrés. Servez avec le café par exemple.

Pour 35 à 40 biscuits	Prép. : 30 min	Cuis. : 10 min

Cookies au chocolat

* 110 g de beurre mou
* 180 g de chocolat noir
* 1 œuf
* 100 g de sucre brun
* 225 g de farine
* 100 g de sucre en poudre blanc
* 1 c. à c. rase de levure chimique
* Quelques gouttes d'extrait de vanille
* 1 pincée de sel

1. Battez le beurre et les deux sucres jusqu'à ce que le mélange soit mousseux. Ajoutez-y l'œuf en battant bien, le sel, puis la vanille.

2. Tamisez la farine et la levure. Versez-les en pluie dans le mélange en travaillant bien la pâte avec une spatule en bois pour éviter les grumeaux.

3. Râpez le chocolat sur les gros trous de la râpe (ou hachez-le finement). Ajoutez peu à peu le chocolat à la pâte.

4. Trempez dans l'eau une cuillère à soupe et, en veillant à ce qu'elle reste humide, disposez des petits tas de pâte espacés sur une plaque de cuisson recouverte de papier sulfurisé. Aplatissez-les avec le dos de la cuillère ou la paume de la main, de façon à former des disques d'environ 6 à 7 cm de diamètre.

5. Enfournez à 170 °C (th. 5-6) et à mi-hauteur du four. Laissez cuire pendant 10 min environ. Sortez la plaque du four et laissez tiédir les cookies pendant 5 à 10 min. Décollez-les et laissez-les refroidir complètement sur une grille.

Variante : *Ajoutez quelques noix de pécan hachées au point 3.*

Pour 30 macarons	Prép. : 40 min	Cuis. : 10 min	Repos : 1 h

Macarons au chocolat et noix de pécan

* 500 g de sucre glace
* 200 g de poudre d'amandes
* 200 g de blancs d'œufs (environ 7 œufs)
* 50 g de sucre en poudre
* 4 gouttes de colorant rose
* 1 pincée de sel

Ganache :

* 200 g de chocolat noir
* 20 cl de crème fraîche liquide
* 30 g de noix de pécann

1. Étalez la poudre d'amandes sur une plaque et faites-la torréfier 10 min à 150 °C (th. 5) puis laissez refroidir. Augmentez la chaleur du four en passant la température à 180 °C (th. 6).

2. Mixez la poudre d'amandes avec le sucre glace, puis passez le mélange au tamis.

3. Montez les blancs en neige avec une pincée de sel, puis ajoutez le sucre en poudre et fouettez vivement jusqu'à ce que le mélange devienne ferme et brillant. Incorporez délicatement avec une spatule le mélange sucre glace-poudre d'amandes. Ajoutez le colorant rose.

4. Préparez une ou deux plaques avec du papier cuisson.

5. Mettez la préparation dans une poche à douille unie. Tenez la poche à douille inclinée et la douille proche de la plaque. Formez des petits tas de la forme d'une noix en les plaçant en quinconce. Laissez reposer 1 h au réfrigérateur.

6. Enfournez pour 10 à 12 min à 180 °C (th. 6), en tournant votre plaque au bout de 5 min. Laissez refroidir les macarons et décollez-les.

7. Hachez grossièrement les noix de pécan. Concassez le chocolat. Portez la crème à ébullition et versez-la sur le chocolat. Fouettez la ganache, ajoutez les noix de pécan. Laissez refroidir en fouettant de temps en temps.

8. Déposez une cuillère de ganache sur la face plate d'un macaron et recouvrez avec un autre macaron. Poursuivez jusqu'à épuisement des ingrédients.

Pour 12 cupcakes	Prép. : 30 min	Cuis. : 20 min

Cupcakes
chocolat et noisettes, chantilly chocolatée

* 60 g de noisettes
* 220 g de farine
* 1 sachet de levure chimique
* 80 g de sucre en poudre
* 70 g de sucre de canne complet
* 10 cl de lait
* 10 cl de crème fraîche liquide
* 1 œuf
* 100 g de beurre ramolli
* Sel

Chantilly :

* 250 g de mascarpone
* 20 cl de crème fraîche liquide
* 150 g de chocolat en morceaux

1. Mixez grossièrement les noisettes sans les réduire en purée. Faites-les torréfier à la poêle pendant 5 min environ.

2. Versez la farine et la levure dans un saladier. Ajoutez-y le sucre en poudre, le sucre de canne, 50 g de noisettes torréfiées et une pincée de sel. Mélangez bien ces ingrédients, puis creusez un puits au milieu. Versez-y le lait, la crème fraîche liquide, l'œuf et le beurre ramolli. Mélangez à nouveau.

3. Répartissez la préparation dans des petits moules en papier sulfurisé (ou en silicone), sans dépasser les trois quarts de la hauteur.

4. Enfournez à 180 °C (th. 6) et laissez cuire 20 min. Vous savez que la cuisson est achevée lorsque la lame d'un couteau, enfoncée au cœur d'un gâteau, ressort bien sèche. À la fin de la cuisson, laissez refroidir les gâteaux sur une grille.

5. Préparez la chantilly : battez le mascarpone, puis incorporez-y la crème préalablement fouettée en chantilly. Faites fondre le chocolat et incorporez-le à la crème. Mélangez énergiquement, placez quelques instants au frais et mettez-la dans une poche à douille. Garnissez chaque cupcake de chantilly chocolatée et parsemez-les des noisettes torréfiées restantes.

Pour 30 cupcakes	Prép. : 25 min	Cuis. : 20 min

Cupcakes
tout chocolat ►

* 70 g de chocolat noir en morceaux
* 70 g de cacao en poudre
* 120 g de beurre
* 110 g de farine
* 1/2 c. à c. de bicarbonate de soude
* 3/4 de c. à c. de levure chimique
* 2 œufs
* 100 g de sucre en poudre
* 1 c. à c. d'arôme vanille
* 12 cl de crème fraîche liquide
* Sel

Glaçage :

* 80 g de beurre ramolli
* 1/3 de c. à c. d'arôme vanille
* 120 g de sucre glace
* 1 c. à s. de crème fraîche épaisse
* Sel

1. Mettez le beurre, les morceaux de chocolat noir et le cacao dans une casserole et faites fondre le tout en fouettant bien.

2. Dans un grand bol, mélangez la farine, le bicarbonate de soude et la levure.

3. Dans un autre récipient, mélangez bien les œufs, le sucre en poudre, l'arôme vanille et une pincée de sel. Fouettez bien ces ingrédients et ajoutez-y le mélange au chocolat, puis un tiers du mélange à la farine. Fouettez à nouveau, incorporez la crème fraîche et le reste du mélange à la farine. Mélangez.

4. Répartissez la préparation dans des petits moules en papier sulfurisé (ou en silicone), sans dépasser les trois quarts de la hauteur.

5. Enfournez à 180 °C (th. 6) et laissez cuire 20 min. Vous savez que la cuisson est achevée lorsque la lame d'un couteau, enfoncée au cœur d'un gâteau, ressort bien sèche. À la fin de la cuisson, laissez refroidir les gâteaux sur une grille.

6. Préparez le glaçage : battez le beurre ramolli, l'arôme vanille, le sucre glace et une pincée de sel. Ajoutez ensuite la crème fraîche épaisse et battez l'ensemble de plus en plus fort pendant 4 ou 5 min. Recouvrez le dessus des cupcakes avec le glaçage.

Pour 4 personnes | Prép. : 10 min | Cuis. : 1 h

Meringues au chocolat

* 2 blancs d'œufs
* 125 g de sucre
* 1 pincée de sel
* 1/2 c. à c. de jus de citron
* 100 g de chocolat noir
* 10 g de farine

1. Dans un saladier, mettez les blancs d'œufs et la pincée de sel, puis battez au fouet électrique. Incorporez le sucre petit à petit jusqu'à obtenir une crème très lisse et brillante qui tient aux branches du fouet.
2. Lorsque les blancs sont bien montés, ajoutez le jus de citron pour les rendre plus fermes.
3. Saupoudrez de farine la plaque du four, puis faites des petits tas de meringue à l'aide d'une cuillère ou d'une poche à douille.
4. Faites cuire à four extrêmement doux (100 °C, th. 3-4), pendant 1 h environ, jusqu'à ce que les meringues soient sèches.
5. Faites fondre le chocolat au bain-marie, puis trempez les meringues dans le chocolat et laissez prendre sur une grille à pâtisserie.

Pour 4 personnes | Prép. : 20 min | Cuis. : 2 à 3 h

Meringues fourrées au chocolat ▼

* 125 g de sucre
* 2 blancs d'œufs
* 10 g de farine
* 1 c. à c. d'extrait de vanille
* 50 g de cacao non sucré

Ganache :
* 180 g de chocolat
* 200 g de crème fraîche liquide
* 20 g de beurre

1. Montez les blancs d'œufs en neige, tout en incorporant peu à peu le sucre. Ajoutez la vanille liquide, puis le cacao.
2. Disposez des petits tas de meringue sur une plaque allant au four, et enfournez à 80 °C (th. 2-3) pour 2 à 3 h.
3. Faites bouillir la crème, puis versez-la sur le chocolat concassé en petits morceaux en remuant vivement avec le fouet.
4. Incorporez le beurre en parcelles et mélangez bien.
5. Décollez les meringues de la plaque puis garnissez le fond de la moitié des meringues de ganache. Collez ensuite les autres meringues sur la ganache.

Pour 4 personnes | Prép. : 30 min | Cuis. : 15 min

Éclairs au chocolat

Pâte à choux :
* 4 œufs
* 125 g de farine
* 60 g de beurre
* 25 cl d'eau

Crème pâtissière au chocolat :
* 50 cl de lait
* 4 jaunes d'œufs
* 70 g de farine
* 100 g de sucre
* 2 c. à s. de cacao

Glaçage :
* 150 g de chocolat

1. Réalisez la pâte à choux : portez à ébullition l'eau avec le beurre. Ajoutez en une seule fois la farine et travaillez énergiquement la pâte avec une cuillère en bois, en restant sur le feu jusqu'à ce que la pâte se détache du récipient.
2. Hors du feu, ajoutez les œufs entiers un par un, en continuant de remuer jusqu'à ce qu'ils soient absorbés par la pâte.
3. À l'aide d'une poche à douille, étendez des petits boudins de pâte sur une plaque à pâtisserie, puis enfournez à 180 °C (th. 6) pendant 15 à 20 min.
4. Réalisez la crème pâtissière : fouettez les jaunes d'œufs avec le sucre et la farine jusqu'à ce que le mélange blanchisse. Ajoutez le cacao.
5. Versez le lait chaud sur les œufs, remettez ce mélange sur le feu et remuez avec une spatule jusqu'à ce qu'il épaississe.
6. Fendez les éclairs en deux dans la longueur et garnissez-les de crème pâtissière chocolatée. Faites fondre le chocolat au bain-marie et nappez-en le dessus des éclairs. Laissez prendre et servez.

Pour 4 personnes | Prép. : 35 min | Cuis. : 25 min

Profiteroles au chocolat

Pâte à choux :
* 125 g de farine
* 25 cl d'eau
* 4 œufs
* 60 g de beurre
* 1 pincée de sel

Garniture :
* 200 g de chocolat noir
* 20 cl de crème fraîche liquide
* Glace à la vanille

1. Réalisez la pâte à choux : mettez l'eau, le beurre et le sel dans une casserole et portez à ébullition. Retirez du feu et versez la farine tamisée en une seule fois. Mélangez à la cuillère en bois en prenant soin de ne pas laisser de grumeaux.
2. Faites dessécher la pâte sur le feu en remuant avec la cuillère en bois, jusqu'à ce qu'elle se détache des parois de la casserole et qu'elle forme une boule. Laissez refroidir 5 min. Incorporez les œufs un par un à la cuillère en bois. La pâte à choux est prête à être utilisée.
3. À l'aide d'une petite cuillère, formez des petits tas de pâte sur une plaque beurrée. Enfournez à 200 °C (th. 6-7) et faites cuire pendant 10 min. Abaissez la température du four à 150 °C (th. 5), puis laissez cuire encore 15 min. Sortez du four et laissez refroidir.
4. Coupez les choux en deux, déposez une boule de glace et refermez-les. Placez au congélateur.
5. Portez la crème fraîche à ébullition. Ajoutez le chocolat cassé en petits morceaux et mélangez. Servez les choux glacés arrosés de sauce au chocolat chaude.

Pour 5 personnes	Prép. : 30 min	Cuis. : 15 min

Samoussas au chocolat

* 1 c. à s. de farine
* 1 c. à s. de noix de coco râpée
* 70 g de beurre mou
* 50 g de sucre semoule
* 1 œuf
* 50 g de chocolat noir
* 5 feuilles de brick
* 1 banane
* Sucre glace

1. Dans un bol, mélangez la farine et la noix de coco râpée. Dans un grand plat, mélangez 50 g de beurre mou, le sucre et l'œuf préalablement battu. Ajoutez-y le mélange farine-noix de coco et mélangez.
2. Dans un petit poêlon, faites fondre le chocolat avant de l'ajouter à la préparation précédente. Mélangez bien et laissez refroidir.
3. Découpez chaque feuille de brick en deux avant de les plier pour obtenir des bandes de 8 cm de large. Faites fondre le reste de beurre et, avec un pinceau, badigeonnez chaque bande d'un peu de beurre fondu.
4. Épluchez et coupez la banane en fines rondelles.
5. À l'extrémité de chaque bande de brick, placez une noix de crème chocolatée et recouvrez d'une rondelle de banane. Pliez la bande en triangle et soudez-la à l'aide de beurre fondu.
6. Chemisez une plaque à four avec du papier sulfurisé et déposez-y les samoussas. Saupoudrez-les de sucre glace. Enfournez à 210 °C (th. 7) pour 10 min, en surveillant la cuisson. Servez chaud.

Pour 4 personnes	Prép. : 20 min	Cuis. : 45 min

Pompe aux pommes au chocolat

* 800 g de pommes
* 2 rouleaux de pâte feuilletée
* 1 œuf
* 150 g de sucre
* 80 g de beurre
* 150 g de pépites de chocolat

1. Épluchez, épépinez et coupez les pommes en cubes. Coupez le beurre en petits morceaux. Mélangez les cubes de pommes et le sucre, ainsi que les pépites de chocolat.
2. Abaissez un rouleau de pâte feuilletée sur une plaque. Déposez les cubes de pommes sucrés sur la pâte, en laissant un pourtour de 2 cm. Répartissez les petits morceaux de beurre sur les pommes.
3. Battez l'œuf en omelette et, à l'aide d'un pinceau, dorez le pourtour de la pâte.
4. Déroulez le second rouleau de pâte et déposez-le sur les pommes. Pressez bien les bords pour coller les deux abaisses de pâte.
5. Dorez le dessus avec l'œuf et faites cuire au four à 210 °C (th. 7) pendant 45 min. Laissez tiédir avant de servir.

Pour 4 personnes	Prép. : 20 min	Cuis. : 15 min	Repos : 1 h

Poires
farcies au chocolat

* 4 poires
* 200 g de sucre
* 150 g de chocolat
* 150 g de beurre
* 2 œufs

1. Pelez les poires, puis faites-les cuire dans de l'eau bouillante avec 50 g de sucre pendant 15 min.
2. Faites fondre le chocolat et le beurre au bain-marie.
3. Séparez le blanc des jaunes d'œufs, que vous ajoutez au chocolat fondu.
4. Montez les blancs en neige très ferme. Incorporez délicatement les blancs au chocolat.
5. Évidez les poires, coupez la chair en petits dés et ajoutez-les à la mousse.
6. Remplissez les poires avec la mousse au chocolat et laissez au réfrigérateur au moins 1 h avant de servir.

Pour 4 personnes	Prép. : 20 min	Cuis. : 20 min

Crème
au chocolat ▼

* 50 g de cacao
* 50 cl de lait
* 5 jaunes d'œufs
* 150 g de sucre
* 1 gousse de vanille

1. Portez à ébullition le lait avec la gousse de vanille fendue en deux dans la longueur.
2. Fouettez les jaunes d'œufs avec le sucre jusqu'à ce que le mélange blanchisse, puis ajoutez le cacao. Versez le lait bouillant sur les œufs et fouettez.
3. Remettez le mélange dans la casserole à feu doux et remuez sans arrêt avec une spatule jusqu'à ce qu'il épaississe. Attention, cette crème ne doit jamais bouillir.
4. Versez dans des ramequins individuels et laissez refroidir au réfrigérateur avant de servir.

Pour 4 personnes	Prép. : 15 min	Cuis. : 30 min

Crème brûlée
au chocolat ▼

* 100 g de chocolat noir
* 5 œufs
* 20 g de sucre
* 50 cl de crème fraîche liquide
* 4 c. à s. de cassonade

1. Faites fondre le chocolat au bain-marie ou au micro-onde.
2. Mélangez les jaunes d'œufs avec le sucre et battez bien le mélange jusqu'à ce qu'il devienne blanc. Continuez à mélanger en ajoutant le chocolat fondu et la crème liquide.
3. Versez la préparation dans des moules individuels et faites cuire 30 min dans un four chaud à 170 °C (th. 5-6).
4. Sortez ensuite les moules et laissez-les refroidir au réfrigérateur.
5. Au moment de servir, saupoudrez les crèmes de cassonade et passez-les sous le gril du four pour faire caraméliser le dessus.
6. Vous pouvez servir les crèmes brûlées froides ou juste à la sortie du four.

Pour 4 personnes	Prép. : 15 min	Cuis. : 15 min	Réfrig. : 3 h

Crème
mousseuse au chocolat à 99 %

* 50 g de biscuits à la cuiller
* 2 c. à c. de cannelle
* 3 c. à s. de Grand Marnier
* 50 g de sucre glace
* 25 cl de lait
* 2 feuilles et demies de gélatine
* 50 g de chocolat à 99 % de cacao
* 15 cl de crème fraîche liquide très froide

1. Faites tremper la gélatine dans un bol d'eau froide.
2. Portez le lait à ébullition, plongez-y le chocolat en morceaux et faites fondre en remuant.
3. Cassez les biscuits en morceaux, arrosez-les avec le Grand Marnier, puis avec le lait au chocolat chaud.
4. Ajoutez la cannelle et le sucre glace. Mixez. Essorez la gélatine avec les doigts et incorporez-la au mélange encore bien chaud.
5. Passez la préparation au tamis ou au moulin à fruits rouges et laissez refroidir.
6. Fouettez la crème fraîche liquide et incorporez-la délicatement à la préparation au chocolat. Laissez raffermir 3 h au réfrigérateur.

Pour 4 personnes | Prép. : 10 min | Cuis. : 40 min

Petits pots
au chocolat et noix de coco ▲

* 3 jaunes d'œufs
* 1 œuf
* 40 cl de lait
* 50 g de sucre
* 100 g de chocolat noir
* 30 g de noix de coco râpée

1. Cassez le chocolat en morceaux et faites-le à fondre au bain-marie.
2. Faites bouillir le lait avec 15 g de noix de coco râpée, puis versez-le sur le chocolat. Fouettez bien.
3. Battez les jaunes d'œufs avec le sucre et l'œuf entier jusqu'à ce que le mélange blanchisse, puis versez très doucement le lait au chocolat en remuant bien.
4. Répartissez la préparation dans 4 ramequins, que vous faites cuire au bain-marie dans un four chaud à 150 °C (th. 5) pendant 40 min environ.
5. Sortez les ramequins du four, saupoudrez-les de noix de coco et placez-les au réfrigérateur pour les laisser refroidir avant de déguster.

Bon à savoir : *Les crèmes sont cuites lorsque l'appareil « tremblote » dans les ramequins.*

Pour 4 personnes | Prép. : 15 min | Repos : 3 h

Mousse
au chocolat épicée

* 150 g de chocolat noir concassé
* 50 g de beurre
* 3 jaunes d'œufs
* 4 blancs d'œufs
* 125 g de sucre
* 1/2 c. à c. de quatre-épices
* 1 grosse pincée de poivre de Sechuan

1. Faites fondre le chocolat au bain-marie avec le beurre et laissez refroidir à température ambiante.
2. Mélangez le sucre et les jaunes d'œufs jusqu'à ce que le mélange blanchisse, puis ajoutez le quatre-épices.
3. Montez les blancs en neige. Mélangez les jaunes avec le chocolat et incorporez délicatement les blancs.
4. Laissez refroidir 3 h au réfrigérateur. Servez frais.

Variante : *Vous pouvez remplacer le quatre-épices par la même quantité de cannelle.*

Pour 4 personnes	Prép. : 20 min	Cuis. : 5 min

Chocolat liégeois

* 200 g de sucre
* 200 g de cacao
* 1 litre de lait
* 30 cl de crème fraîche liquide
* 1 tasse de café très fort
* 4 boules de glace à la vanille
* 4 boules de glace au chocolat

1. Mélangez le sucre et le cacao, puis ajoutez petit à petit le lait froid. Portez à ébullition et laissez frémir 5 min, puis ajoutez le café.

2. Montez la crème très froide en chantilly.

3. Dans des verres (ou des coupes), déposez une boule de glace au chocolat et une autre à la vanille.

4. Battez le chocolat chaud avec un peu de glace pilée pour le refroidir et versez dans les verres. Ajoutez dessus de la crème chantilly.

Pour 3 pots	Prép. : 10 min	Cuis. : 15 min

Pâte à tartiner au chocolat

* 200 g de chocolat noir
* 70 g de noisettes en poudre
* 100 g de margarine
* 100 g de beurre
* 50 cl de lait concentré sucré

1. Dans un saladier, faites fondre le chocolat au bain-marie.

2. Ajoutez la margarine et le beurre, puis les noisettes en poudre.

3. Arrêtez le feu et ajoutez le lait concentré à la préparation, mélangez bien.

4. Mettez en pots et conservez au réfrigérateur.

Pour 4 personnes	Prép. : 40 min	Repos : 2 h

Chantilly
aux deux chocolats

Chantilly au chocolat au lait :
* 20 cl de crème fraîche liquide
* 20 g de sucre glace
* 50 g de chocolat au lait
* 10 cl de lait
* 2 feuilles de gélatine

Chantilly au chocolat noir :
* 20 cl de crème fraîche liquide
* 20 g de sucre glace
* 50 g de chocolat noir
* 10 cl de lait
* 2 feuilles de gélatine

1. Réalisez la chantilly au chocolat au lait : faites tremper la gélatine dans de l'eau froide pendant 5 min.
2. Faites bouillir le lait et ajoutez le chocolat au lait. Fouettez jusqu'à ce que le chocolat soit fondu et ajoutez la gélatine. Mélangez bien, puis laissez refroidir tout en remuant.
3. Montez la crème en chantilly et ajoutez le sucre glace. Une fois le chocolat froid, mais pas trop épais, ajoutez la chantilly et mélangez délicatement.
4. Réalisez la même opération pour le chocolat noir.
5. Dans quatre verres, versez les crèmes chantilly en alternant chocolat noir et chocolat au lait.
6. Mettez au réfrigérateur pendant 2 h.

Pour 4 personnes	Prép. : 30 min

Mousse
aux trois chocolats

* 50 g de chocolat noir
* 50 g de chocolat au lait
* 50 g de chocolat blanc
* 60 g de beurre
* 3 jaunes d'œufs
* 6 blancs d'œufs
* 30 g de sucre

1. Faites fondre chacun des chocolats séparément au bain-marie.
2. Incorporez 20 g de beurre à chaque chocolat pour obtenir une texture lisse.
3. Hors du feu, ajoutez 1 jaune d'œuf à chacun des chocolats et mélangez bien.
4. Montez les blancs en neige ferme en incorporant le sucre à la fin.
5. Partagez les blancs d'œufs en trois et mélangez chaque part délicatement aux chocolats.
6. Garnissez des coupes en alternant les différentes mousses. Décorez avec une chantilly et mettez au frais avant de servir.

Pour 4 personnes	Prép. : 30 min	Cuis. : 2 min

Mouillettes
pomme de terre-chocolat

* 2 pommes de terre
* 50 cl de crème anglaise
* 15 cl d'eau
* 10 g de sucre
* 35 g de beurre
* 30 g de farine
* 2 œufs
* 50 g de chocolat noir

1. Faites fondre le chocolat au bain-marie, puis ajoutez la crème anglaise et versez le tout dans des verres.
2. Faites cuire les pommes de terre dans un grand volume d'eau salée pendant 30 min environ, puis épluchez-les et réduisez-les en purée.
3. Faites bouillir les 15 cl d'eau avec le beurre et le sucre, puis ajoutez la farine et la purée de pommes de terre tout en mélangeant.
4. Laissez cuire 1 min sans cesser de remuer, puis, hors du feu, ajoutez les œufs un par un en mélangeant.
5. Garnissez une poche à douille fine cannelée de la préparation, puis réalisez de petites mouillettes.
6. Enfournez pour 25 min environ à 200 °C (th. 6-7), puis laissez-les refroidir avant de les tremper dans les verres pour servir.

Pour 6 personnes	Prép. : 25 min	Cuis. : 15 min

Verrines
mousseuses café-chocolat ►

* 60 cl de crème fraîche liquide
* 3 c. à s. de miel liquide
* 225 g de chocolat noir râpé
* 20 cl de lait
* 3 c. à c. d'extrait de café
* 6 jaunes d'œufs
* 150 g de sucre
* 3 c. à c. de farine
* 3 c. à c. de liqueur de café

1. Versez la moitié de la crème dans une casserole. Portez à ébullition, puis ajoutez le miel et le chocolat râpé. Faites fondre doucement le tout, sans cesser de remuer.
2. Retirez la préparation du feu et répartissez-la dans les verrines. Réservez.
3. Versez le lait dans une casserole et incorporez-y l'extrait de café. Faites chauffer doucement.
4. Fouettez les jaunes d'œufs avec le sucre en poudre. Ajoutez la farine ainsi que la liqueur de café. Versez le lait encore bouillant en filet, sans cesser de fouetter.
5. Transvasez ensuite le tout dans la casserole et faites épaissir sur un feu doux, toujours en remuant sans cesse. Retirez ensuite la préparation du feu et laissez-la refroidir.
6. Fouettez le reste de crème liquide très froide en chantilly et incorporez-la délicatement à la crème au café. Versez la mousse ainsi obtenue sur la mousse au chocolat dans les verrines.
7. Réservez au réfrigérateur jusqu'au moment de servir bien frais.

Variante : *En décoration, il est possible de parsemer chaque verrine garnie de petits grains de café en chocolat.*

Pour 2 personnes	Prép. : 10 min

Milk-shake
au chocolat et au spéculoos

* 5 spéculoos
* 12 cl de lait demi-écrémé
* 10 cl de glace au chocolat
* Crème fraîche montée en chantilly
* Copeaux de chocolat

1. Émiettez grossièrement les spéculoos et mélangez-les au lait.
2. Mettez la glace au chocolat dans le bol d'un mixeur, puis ajoutez les spéculoos et le lait. Mixez.
3. Répartissez la préparation ainsi obtenue dans de grands verres à milk-shake.
4. Surmontez chaque préparation d'une couronne de crème fraîche montée en chantilly et de quelques copeaux de chocolat.
5. Servez très frais, avec une paille.

Pour 4 personnes	Prép. : 10 min	Cuis. : 5 min

Soupe
chocolat aux Carambars et barbe à papa

* 1 litre de lait
* 200 g de chocolat noir concassé
* 5 Carambars
* 100 g de barbe à papa

1. Faites bouillir le lait, puis ajoutez le chocolat et les Carambars.
2. Mélangez bien jusqu'à ce que le chocolat et les Carambars soient fondus, puis répartissez dans quatre tasses.
3. Surmontez de barbe à papa et servez aussitôt.

Pour 4 personnes	Prép. : 20 min	Cuis. : 15 min

Glace au chocolat meringué

* 50 cl de lait
* 12 cl de crème fraîche liquide
* 2 c. à s. de lait en poudre
* 140 g de sucre
* 5 jaunes d'œuf
* 100 g de meringue émiettée
* 175 g de chocolat blanc concassé

1. Portez à ébullition le lait, la crème, le lait en poudre et la moitié du sucre.
2. Fouettez les jaunes et le restant de sucre jusqu'à ce que le mélange blanchisse. Versez le lait sur votre préparation en remuant constamment avec un fouet.
3. Versez dans une casserole et faites cuire à feu doux, en mélangeant, jusqu'à ce que la crème nappe la cuillère (83 °C).
4. Ajoutez le chocolat concassé, mélangez et laissez refroidir. Versez la préparation dans la turbine à glace.
5. Une fois la glace turbinée, ajoutez la meringue émiettée et laissez prendre au congélateur.

Pour 4 personnes	Prép. : 20 min	Cuis. : 15 min

Glace au chocolat noir et aux Smarties

* 70 cl de lait
* 140 g de sucre
* 5 jaunes d'œuf
* 100 g de chocolat noir concassé
* 50 g de Smarties concassés

1. Portez à ébullition le lait, la crème, le lait en poudre et la moitié du sucre.
2. Fouettez les jaunes et le restant de sucre jusqu'à ce que le mélange blanchisse. Versez le lait sur votre préparation en remuant constamment avec un fouet.
3. Versez dans une casserole et faites cuire à feu doux, en mélangeant, jusqu'à ce que la crème nappe la cuillère (83 °C).
4. Ajoutez le chocolat concassé, mélangez et laissez refroidir. Versez la préparation dans la turbine à glace.
5. Une fois la glace turbinée, ajoutez les Smarties et laissez prendre au congélateur.

Pour 30 bouchées	Prép. : 20 min	Cuis. : 5 min

Bouchées
nougatine et chocolat au lait

* 100 g de sucre
* 125 g de noisettes hachées
* 200 g de chocolat au lait

1. Placez le sucre dans une casserole avec un fond d'eau et laissez cuire jusqu'à ce que le sucre blondisse, pour réaliser un caramel blond.

2. Ajoutez les noisettes hachées et laissez cuire 1 min supplémentaire.

3. Étalez la nougatine sur une plaque huilée et laissez refroidir, puis concassez-la.

4. Faites fondre le chocolat au bain-marie et ajoutez la nougatine.

5. Mélangez bien et disposez des petits tas sur une plaque. Laissez refroidir.

Pour 4 personnes	Prép. : 20 min

Flocons de neige
au chocolat blanc ▲

* 100 g de chocolat blanc fondu
* 2 c. à s. de sucre glace

1. Versez le chocolat dans une poche à douille unie de 2 mm de diamètre.

2. Dessinez une étoile en chocolat à 8 branches sur une feuille de papier cuisson, puis 3 bifurcations à l'extrémité de chaque branche.

3. Laissez prendre au réfrigérateur.

4. Saupoudrez de sucre glace avant de servir.

Pour 4 personnes	Prép. : 30 min	Cuis. : 20 min

Florentins au chocolat

* 100 g de chocolat noir fondu
* 10 orangettes coupées en dés
* 35 g de bigarreaux hachés
* 75 g d'amandes effilées
* 100 g de sucre
* 50 g de miel
* 50 g de farine
* 10 g de crème fraîche liquide

1. Dans une casserole, faites cuire le sucre, le miel et la crème à 110 °C (pendant 15 min environ). Ajoutez les autres ingrédients et laissez refroidir.
2. Disposez une feuille de papier cuisson sur une plaque allant au four. Déposez-y des petits tas de la valeur d'une grosse cuillère à café de pâte à florentins. Espacez chaque tas d'environ 15 cm. Aplatissez les florentins avec le dos d'une fourchette.
3. Faites-les cuire de 4 à 8 min dans un four préchauffé à 220 °C (th. 7-8). Laissez refroidir.
4. Recouvrez les florentins de chocolat fondu à l'aide d'une cuillère et laissez refroidir.

Pour 4 personnes	Prép. : 15 min	Refroid. : 3 h

Chocolat au miel et noix de pécan

* 250 g de chocolat noir
* 200 g de noix de pécan
* 50 g de miel
* 40 g de beurre demi-sel

1. Faites fondre le chocolat et le beurre au bain-marie.
2. Mélangez tous les ingrédients et versez dans un récipient.
3. Laissez prendre au réfrigérateur pendant 3 h.
4. Coupez en cubes et servez avec le café.

Bon à savoir : *Comme récipient, vous pouvez utiliser une barquette de 1 litre de glace.*

Pour 4 personnes	Prép. : 15 min	Cuis. : 15 min	Refroid. : 3 h

Fudge
au chocolat noir

* 200 g de chocolat noir
* 15 cl de crème fraîche liquide
* 250 g de sucre
* 10 cl d'eau

1. Coupez le chocolat en morceaux. Portez à ébullition l'eau et le sucre et confectionnez un caramel (15 min environ).
2. Ajoutez la crème et mélangez, puis les morceaux de chocolat noir. Mélangez jusqu'à l'obtention d'une pâte homogène.
3. Versez dans un récipient et laissez prendre au réfrigérateur pendant 3 h.
4. Coupez le fudge en cubes et servez avec le café.

Pour 4 personnes	Prép. : 10 min	Refroid. : 5 h

Toffee
au chocolat noir

* 100 g de chocolat noir
* 250 g de sucre
* 150 g de beurre demi-sel
* 15 cl d'eau

1. Réalisez un caramel avec le sucre, l'eau et le beurre. Ajoutez le chocolat coupé en petits morceaux. Mélangez hors du feu.
2. Versez la préparation dans un bac à glaçons. Laissez prendre 5 h au réfrigérateur.
3. Démoulez et servez avec le café.

Pour 4 personnes	Prép. : 20 min

Truffes
au chocolat

* 200 g de chocolat noir
* 15 cl de crème fraîche liquide
* 50 g de beurre
* 150 g de cacao en poudre

1. Cassez le chocolat en petits morceaux.
2. Portez la crème à ébullition et versez-la sur le chocolat. Incorporez le beurre à la crème chocolatée.
3. Mettez à refroidir au réfrigérateur. Lorsque la préparation commence à prendre, formez de petites boules avec une cuillère à café et enrobez-les de cacao en poudre.

Variante : *Pour une version épicée, ajoutez 1/2 c. à c. de cannelle en poudre.*

Pour 30 galets	Prép. : 20 min	Cuis. : 10 min

Galets
au praliné et chocolat noir

* 200 g de sucre
* 4 jaunes d'œufs
* 1 pincée de sel
* 30 g de pralin
* 100 g de chocolat noir
* 130 g de farine
* 5 cl d'eau

1. Fouettez les jaunes d'œufs avec le sucre jusqu'à ce que le mélange blanchisse, puis incorporez progressivement la farine, le sel, le pralin et 5 cl d'eau.
2. Garnissez une poche à douille avec la pâte et réalisez de petits galets sur une plaque recouverte de papier sulfurisé.
3. Enfournez pour 10 min environ dans un four à 200 °C (th. 6-7). Une fois cuits, décollez immédiatement les galets de la plaque.
4. Faites fondre le chocolat au bain-marie, badigeonnez-en la moitié côté lisse, puis collez les autres galets sur le chocolat.

Pour 4 personnes	Prép. : 20 min	Cuis. : 5 min	Repos : 12 h

Nougat
au chocolat ▼

* 120 g de chocolat
* 2 œufs
* 80 g de beurre
* 5 g de sucre glace
* 20 g d'amandes grillées
* 20 de pistaches
* 20 g de noisettes grillées
* 20 g de pignons de pin grillés

1. Faites fondre le chocolat au bain-marie.
2. Battez le beurre pour qu'il devienne mousseux, puis incorporez un à un les jaunes d'œufs et le chocolat fondu.
3. Mélangez les fruits secs à la préparation.
4. Montez les blancs en neige, ajoutez le sucre glace à la fin et fouettez pour qu'ils deviennent fermes.
5. Mettez la préparation dans un moule à cake et laissez reposer pendant une nuit au frais.
6. Pour démouler, plongez le moule dans l'eau chaude quelques secondes et retournez-le sur un plat. Servez frais.

Pour 4 personnes	Prép. : 20 min	Congélation : 6 h

Palets
de chocolat à la crème anglaise

* 250 g de chocolat noir fondu
* 20 cl de crème anglaise en brique

1. Badigeonnez une dizaine de moules de chocolat fondu à l'aide d'un petit pinceau et laissez prendre au réfrigérateur.
2. Recouvrez votre première couche d'une seconde couche de chocolat et entreposez au réfrigérateur.
3. Une fois que le chocolat a durci, versez-y un peu de crème anglaise. Placez vos chocolats pendant 6 h au congélateur, puis versez par-dessus le restant de chocolat. Laissez prendre au réfrigérateur.
4. Démoulez sur des assiettes et laissez décongeler à température ambiante 30 min avant de servir.

Bon à savoir : *Pour cette recette, il est préférable d'acheter la crème anglaise toute faite car elle supporte bien la congélation.*

Pour 4 personnes | Prép. : 30 min | Cuis. : 5 min

Rochers
au chocolat

* 120 g d'amandes concassées
* 150 g de chocolat
* 3 c. à s. de sirop de sucre de canne

1. Mélangez les amandes avec le sirop de sucre. Déposez des petits tas d'amandes sur une plaque à pâtisserie.
2. Enfournez à 180 °C (th. 6) et laissez cuire pendant 5 min pour que les amandes caramélisent. Laissez refroidir, déposez-les sur une feuille de papier sulfurisé.
3. Faites fondre le chocolat au bain-marie et enrobez les amandes de chocolat.

Pour 4 personnes | Prép. : 20 min | Cuis. : 10 min

Rochers
noix de coco et chocolat

* 3 œufs
* 200 g de sucre
* 150 g de noix de coco râpée
* 250 g de chocolat
* 20 g de farine

1. Séparez les blancs des jaunes d'œufs. Fouettez les jaunes avec 150 g de sucre jusqu'à ce que le mélange blanchisse. Incorporez la farine et la noix de coco. Mélangez bien.
2. Montez les blancs en neige et ajoutez 50 g de sucre. Fouettez bien puis incorporez délicatement les blancs en neige à l'appareil.
3. Disposez de petits tas de pâte sur une plaque huilée et enfournez à 160 °C (th. 5) pendant 10-15 min. Laissez refroidir.
4. Faites fondre le chocolat et trempez les rochers dedans. Placez-les sur une grille et laissez refroidir.

Pour 4 personnes	Prép. : 10 min	Refroid. : 3 h

Soufflés
de riz au chocolat blanc

* 200 g de chocolat blanc
* 300 g de riz soufflé (Rice krispies par exemple)

1. Cassez le chocolat blanc en morceaux et faites-les fondre au bain-marie. Ajoutez le riz soufflé et mélangez bien.
2. Formez des petits tas de la taille d'une noix sur une feuille de papier cuisson et laissez prendre au réfrigérateur pendant 3 h.
3. Présentez ces petits soufflés dans des caissettes à l'heure du goûter par exemple.

Variante : *Remplacez le chocolat blanc par du chocolat noir ou du chocolat au lait.*

Pour 16 sucettes	Prép. : 25 min	Cuis. : 1 min	Repos : 1 h

Sucettes
fraise-chocolat

* 250 g de chocolat noir
* 10 cl de crème fraîche liquide
* 50 g de beurre
* 4 grosses fraises
* 20 g de noix de coco en poudre

1. Lavez, équeutez et coupez les fraises en gros bâtonnets. Hachez le chocolat noir.
2. Faites bouillir la crème liquide, ajoutez le beurre, puis versez le tout sur le chocolat.
3. Tapissez le pourtour de 16 moules en demi-sphère de ganache au chocolat, ajoutez un bâtonnet de fraise au centre et recouvrez de ganache. Lissez et laissez prendre au frais 1 h.
4. Piquez les demi-sphères sur un bâton de sucette et saupoudrez de noix de coco râpée.